Margot Käßmann

ENKEL GLÜCK

Das Buch für alle Großeltern

FÜR

HERZLICHEN GLÜCKWUNSCH ZUM ENKELKIND!

Was für ein besonderer Moment, wenn die eigenen Kinder Eltern werden und eine neue Generation zur Welt kommt!
Da wird das Leben in gewisser Weise rund.
Wir werden älter, und erneut wachsen Kinder heran, der ewige Kreislauf, »the circle of life«, wie es im berühmten Lied von Elton John für das Musical *König der Löwen* heißt. Einer meiner Enkel liebt dieses Lied besonders, und jedes Mal, wenn ich es höre, denke ich: Das ist wirklich sehr passend.
»Der Alten Krone sind Kindeskinder«, heißt es in der Bibel. (Spr 17,6) Und ja, mit Enkeln setzt uns das Leben eine Krone auf, wir sind gewissermaßen gekrönt mit dem Segen, den diese Kinder darstellen. Darum werden Großeltern oft beneidet, und das verstehe ich. In den Enkeln siehst du geradezu, wie dein eigenes Leben lebendige Spuren hinterlässt. Natürlich bleibt auch das, was wir angesammelt, erworben und geleistet haben. Aber dass sich da nun ein kleiner Mensch auf den Weg ins Leben macht, ist etwas ganz Besonderes.

EIN GROẞES VERGNÜGEN …

… war es nicht immer, wenn wir an die Zeit denken, in der unsere eigenen Kinder klein waren.
Kinder großzuziehen macht Mühe, es ist anstrengend. Ich denke an durchwachte Nächte, die ersten Zähne, Bauchschmerzen, aufgeschlagene Knie, Kinderkrankheiten. Und mehr noch: an die Angst vor dem ersten Tag im Kindergarten, wie gemein Kinder manchmal untereinander sein können und an Schulprobleme. Aber da sind auch die Erinnerungen an die vielen schönen, ganz wunderbaren Momente: ein strahlendes Lächeln, das große Vertrauen, das Kinder dir entgegenbringen. Es sind Erinnerungen an herzliche Umarmungen, fröhliche Jauchzer, herrliche Feste, Kindergeburtstage, Weihnachten. Die Einschulung und den Tag, an dem unser Kind das Abschlusszeugnis seiner Schule in der Hand hielt. An erste Freundschaften, die große Liebe, Hochzeiten.

Und dennoch, es stimmt: Kleine Kinder, kleine Sorgen – große Kinder, große Sorgen …
Aber für uns beginnt nun das Vergnügen des Großelternseins. Wir können es genießen!

ALLES ANDERS

Großmutter – Großvater. Irgendwie muss jede Generation sich mit diesen Begriffen noch anfreunden, weil sie erst einmal neu und fremd sind. Allein die Frage, wer wie bezeichnet wird, ist spannend. Wer wird Oma genannt, wer Omi oder vielleicht Großmutter? Und wenn es neue Ehepartnerinnen oder Ehepartner gibt, sind die dann auch Oma, Opa, oder werden sie beim Vornamen angeredet?

Die Gedanken gehen auch zurück zu den eigenen Großeltern: Haben wir sie bewundert oder belächelt? Eines steht fest: Viele Kinder haben die Zeit bei ihren Großeltern genossen!
Nun sind wir an der Reihe. Über eine solche Rolle haben wir uns keine Gedanken gemacht, als wir damals Eltern wurden. Wir sind nach und nach hineingewachsen. Jetzt müssen wir uns alle neu finden. Auf jeden Fall gilt: Die nächste Generation ist auf der Welt. Und das ist ein großer Segen.

EIN ENKELKIND IST UNTERWEGS! EIN MOMENT DER FREUDE.

Als meine älteste Tochter an einem Weihnachtsabend erzählte, sie sei schwanger, kamen mir vor Freude die Tränen. Wie unfassbar schön! Aber wie kann ich mir das vorstellen, Großmutter zu sein? Und was wird es für das junge Paar bedeuten?

Inzwischen habe ich sechs Enkelkinder. Mich fasziniert, wie jedes einzelne von ihnen nach und nach einen Platz in der Familie einnimmt. Jedes Kind entwickelt einen ganz eigenen Charakter. Oft ist ja heute das Geschlecht vorab bekannt, und es wird ein Name ausgesucht. Damit ist das Kind schon vor der Geburt sehr präsent, finde ich. Mir kommt dabei Psalm 139 in den Sinn: »Denn du hast meine Nieren bereitet und hast mich gebildet im Mutterleibe. Ich danke dir dafür, dass ich wunderbar gemacht bin.« (13 f.) Oder auch der Prophet Jesaja, bei dem Gott sagt: »Ich habe dich bei deinem Namen gerufen, du bist mein.« (43,1) Aus einem schlichten Namen, den die Eltern mit Bedacht ausgesucht haben, wird nach und nach eine unverwechselbare Person.

SPANNUNGEN GIBT ES AUCH

Ein neugeborenes Kind im Arm halten zu dürfen, das Kind deiner Kinder ist, berührt zutiefst, so ist meine Erfahrung. Ja, der Kreislauf des Lebens beginnt neu. Aber du hast eine ganz andere Rolle dabei. Du darfst begleiten, aber entscheiden müssen die Eltern.

Manches Mal denke ich: Das würde ich ganz anders machen! Und dann: Das müssen die Eltern am besten wissen, es ist ihre Form von Erziehung, halt dich raus. Wenn du um Rat gefragt wirst, ist das schön. Einmischung ist aber nicht angebracht, sie führt nur zu Konflikten. Doch ich gestehe: Manchmal ist es gar nicht so einfach, sich herauszuhalten …

GROẞELTERN DÜRFEN VERWÖHNEN

Das ist vielleicht das Schönste in der neuen Beziehung, die sich nun entwickelt.
Mir macht es große Freude, wenn meine Enkelkinder bei mir zu Besuch sind und wir Zeit füreinander haben. Es ist anders, bei den Großeltern zu Gast zu sein, weil sie nicht nebenbei den großen Haushalt und vielleicht auch noch berufliche Pflichten erledigen müssen. Großeltern stellen sich in der Regel ganz auf die Enkel ein, wenn diese zu Gast sind. Die Kinder genießen es, wissen aber auch sehr genau: Das ist Omi-Zeit. Zu Hause haben wieder Mama und Papa das Sagen.

Bei Omi sind Gummibärchen erlaubt, und es gibt die Wurst auch ohne Brot. Ein kleiner Enkel lacht dann immer und erklärt grinsend und mit großer Geste: »Papa sagt, nein, nein.«
Er ist noch klein, aber den Unterschied der Regeln bei Papa und bei Omi hat er schon voll begriffen.

WIE WIRD ES SEIN, DAS MITEINANDER?

Für mich ist es ungeheuer spannend, meine Enkelkinder mehr und mehr kennenzulernen. Jedes ist besonders. Und sie lernen ja auch mich kennen. Das ist manchmal lustig, wenn sie etwa fragen: Warum hast du die braunen Punkte auf der Hand?
Es beglückt mich zutiefst, wenn ich erlebe, dass sie gern zu mir kommen. Ich mache die Tür auf, und ein kleiner Kerl ruft begeistert: »Omi!« Was kann es Schöneres geben?
Meine älteste Enkelin kann zwar noch nicht schreiben, aber WhatsApp, FaceTime und Skype bedienen. Es ist unglaublich, wie diese Technologie die Distanz überwinden lässt. Fröhlich erzählt sie mir, was sie erlebt hat. Ich bin froh, dass ich gelernt habe, damit umzugehen.
Gott sei Dank muss ich nicht den ganzen Tag – und vor allem nicht in der Nacht! – für die Enkel zuständig sein. Die Kraft hätte ich nicht mehr. Aber wenn wir zusammen sind, bin ich ganz und gar für das Kind oder die Kinder da. Das wissen sie zu schätzen, und wir genießen es miteinander. Nach und nach wächst ein ganz besonderes Vertrauen.

FREUDE AM GEMEINSAMEN

Ich finde es wunderbar, vieles neu zu entdecken. Da gibt es alte Bilderbücher, wie das von *Frederick,* der die Farben und Lichter sammelt, aber auch ganz neue Wimmelbilderbücher, die ich bislang gar nicht kannte. Oder wir spielen zusammen *Tempo, kleine Fische!,* und ich muss lachen, weil die Enkeltöchter stets wünschen, dass die Fische gewinnen – und die Enkelsöhne stattdessen mit den Fischern fiebern. Gibt es da doch eine Geschlechtergenetik? Oder meine Enkelsöhne bringen Dinosaurier ins Spiel. Bei vier Töchtern kam das nicht vor. Aber inzwischen kann ich einen Brachiosaurus von einem Tyrannosaurus Rex unterscheiden. Das macht einfach Spaß und zeigt: Großeltern sind durchaus noch lernfähig und wissbegierig.

Am schönsten finde ich es, mit Kindern die Natur zu entdecken. Am Strand auf Usedom ist das etwas ganz Besonderes. Kinder haben eine endlose Fantasie beim Burgenbauen, Tunnelgraben und Muschelnsammeln. Dabei haben sie eine unbefangene Art, um die ich sie manchmal beneide.

VON DER DANKBARKEIT

Mir geht das Herz auf, wenn ich meine Enkel sehe. Und ich bin sehr dankbar, dass ich das erleben darf. Ich finde, dies ist immer wieder ein Dankgebet zu Gott wert.

Auch in unserer Zeit ist es nicht selbstverständlich, dass Frauen schwanger werden, dass Schwangerschaften gut verlaufen, gesunde Kinder geboren werden.
Zudem: Die jüngere Generation steht unter großem Leistungsdruck, und die Vereinbarkeit von Familie und Beruf ist noch immer nicht gegeben. Da verstehe ich, dass junge Frauen und auch Männer sich fragen, ob jetzt wirklich Zeit und Kraft für ein Kind da sind. Und irgendwann kann es sein, dass sich die Frage gar nicht mehr stellt. Deshalb bin ich auch dankbar für den Mut meiner Töchter, Kinder zu bekommen.

SICH ERINNERN

Wie war das damals, als wir selbst Eltern wurden? So viel Freude war da, aber auch diese Angst, ob wir alles richtig machen.

Mit den Enkeln kann es ganz anders sein. Du hast die Zeit oder nimmst sie dir bewusst. Ich habe mit einer Enkelin einmal zwei Stunden Hühnern zugeschaut, mit einem Enkel gefühlt stundenlang Steine in die Ostsee geworfen. Da war nichts von der Ungeduld früherer Jahre, sondern stattdessen schlicht ein Bewusstsein vom Glück des Augenblicks.

Großeltern sind nicht die besseren Eltern, sondern eben Großeltern. Sie haben nicht mehr die Kraft für eine 24-Stunden-Betreuung, aber sie lassen sich ganz auf die Enkel ein. Das ist wohl auch so, weil uns bewusst ist, wie kurz die Kinderzeit ist. Als ich junge Mutter war, rief mir einmal eine Frau zu: »Genießen Sie es, es ist die schönste Zeit!« Ich dachte: Genießen kann ich gerade gar nichts, ich bin fix und fertig.
Aus der Großelternperspektive verstehe ich heute den Zwischenruf …

GELASSENHEIT

Großeltern können Gelassenheit ausstrahlen, sie haben Erfahrung. Und das tut Eltern, die unter Druck stehen, manchmal wirklich gut. Und für mich ist jetzt die Gelegenheit, manches auszuprobieren, was ich damals versäumt habe, und damit meinem Enkelkind eine Freude zu machen.
Bei meiner eigenen Mutter habe ich gestaunt. Sie war als Mutter eher streng, achtete auf Disziplin und Leistung. Bei ihren zehn Enkelkindern schien sie wie ausgewechselt. Sie durften bei ihr Fernsehsendungen sehen, die bei uns zu Hause früher verboten waren, Süßigkeiten essen, frei toben. Heute kann ich das besser einordnen.

Ein Dinosaurier, klein und aus Kunststoff, hat kürzlich mit seinen Krallen meinem Sofa Schaden zugefügt – es gibt Schlimmeres. Oder ein Kind will den Tisch decken, da fällt ein Glas herunter und zerbricht. Tränen kullern über das kleine Gesicht.
Ich mochte das Glas, aber es war ja keine Absicht. Also trauere ich nicht um den Verlust, sondern tröste das Kind. Das funktioniert nur, wenn wir entspannt und gelassen sind. Früher, als junge Mutter, war ich das in solchen Momenten nicht immer. Es war schlicht zu viel Alltag zu bewältigen.

DER RICHTIGE ABSTAND

Manchmal wohnen die erwachsenen Kinder und die Enkel weit entfernt, dann muss geschaut werden, wie über die Distanz eine Beziehung aufgebaut werden kann. Andere haben das Glück, die Enkel in ihrer Nähe, gar im gemeinsamen Haus aufwachsen zu sehen. Dann wird die Frage sein, wie genügend Distanz gewahrt werden kann, damit alle genügend Raum haben.

Ich bin froh, mein Leben in großer Freiheit zu gestalten und Rückzugsräume zu haben. Nie würde ich von meinen Kindern oder Enkeln fordern, mich regelmäßig zu besuchen. Wenn sie vorbeikommen, ist das schön. Und wenn sie mich fragen, ob ich sie besuchen möchte, komme ich gern – soweit es zeitlich möglich ist. Nach drei oder vier Tagen der Begegnung freue ich mich dann aber auch wieder auf meinen eigenen Rhythmus, die eigenen vier Wände. Die richtige Balance zwischen Distanz und Nähe muss gefunden werden.

DAS GUTE WEITERGEBEN

Was können wir den Enkeln mitgeben? Bei mir ist es zum einen die Liebe zu Büchern und Geschichten, und es sind die Lieder. Meine Enkel haben alle große Freude am Vorlesen und Vorsingen. Und auch die biblischen Geschichten hören sie gern. Ich habe ein wunderbares Bilderbuch von der Arche Noah, das lieben sie alle. Aber sie stellen auch Fragen: Wo ist Gott?

Kinderfragen sind eine Herausforderung, die Zeit braucht. Denn die Kinder sollten spüren, dass wir ihre Fragen und auch Ängste ernst nehmen.
Zum anderen erlebe ich, dass mich die Enkel auch gern nach früher fragen: »Wie war das, als Mama selbst ein Kind war?« Es ist eine bestimmte Phase, in der die Kleinen begreifen, dass ich die Mama ihrer Mama bin. Dann betrachten sie gerne mit mir alte Fotos. Du kannst geradezu zuschauen, wie ihr kleines Hirn die Zusammenhänge zu begreifen beginnt.
Wir können Kinder nicht davor schützen, dass es Böses in der Welt gibt und auch böse Menschen. Aber wir können sie stärken mit den Erzählungen von Freundschaft und Liebe – und dem Erleben eines guten Miteinanders.

MIX
Papier aus verantwortungsvollen Quellen
FSC® C043106

Originalausgabe September 2019

Ein Imprint der Verlagsgruppe
Droemer Knaur GmbH & Co. KG, München.

Text: Margot Käßmann
Fotos auf den Seiten 4, 8, 30, 34, 36 © Stefan Weigand; übrige Seiten: 6 © GoodMoodPhoto/photocase.com, 10 © Kontrec/iStock.com, 12 © vasantytf/iStock.com, 14 © inarik/iStock.com, 16 © NelliSyr/iStock.com, 18 © PeopleImages/iStock.com, 20 © Vasilyev Alexandr/shutterstock.com, 22 © Merinka/iStock.com, 24 © Africa Studio/shutterstock.com, 26 © Kulakova/iStock.com, © 28 © RelaxFoto.de/iStock.com, 32 © Ulza/iStock.com, 38 © Rini Slok/shutterstock.com, 40 © StockPlanets/iStock.com

Konzept und Lektorat: Stefan Wiesner
Covergestaltung: Maike Michel
Innengestaltung: Stefan Weigand, www.wunderlichundweigand.de
Druck und Bindung: GC Cuno, Calbe

ISBN 978-3-96340-094-0
5 4 3 2

MARGOT KÄẞMANN

Jahrgang 1958, ist eine der bekanntesten kirchlichen Persönlichkeiten Deutschlands. In und nach ihrer Zeit als Ratsvorsitzende der Evangelischen Kirche in Deutschland gewann sie mit ihrer offenen und geradlinigen Art die Wertschätzung und Sympathien vieler Menschen. Die Pfarrerin und Mutter von vier Töchtern steht mitten im Leben und scheut sich nicht vor Veränderungen. Einen Ausgleich zu ihren Aufgaben findet sie beim Joggen und im Miteinander mit ihren Enkeln, mit denen sie ihren Ruhestand genießt.

PERSÖNLICH

Es ist ein großes Glück, Enkelkinder aufwachsen zu sehen. Und ich bin froh, noch jung genug zu sein, das bewusst zu erleben. In zehn Jahren ist meine älteste Enkeltochter 17 Jahre alt, da hat sie vermutlich weniger Interesse an ihrer Omi. Also möchte ich jetzt die Zeit nutzen, in der sie sich freut, wenn wir uns sehen. Wenn die Enkel zu mir kommen oder ich deren Familien besuche, wir uns in den Ferien treffen.

Es ist eine kostbare Zeit, die viel zu schnell vorbeigehen wird, fürchte ich. Ja, für das Jetzt bin ich von ganzem Herzen dankbar.

NEUE GEMEINSCHAFT

Als Großeltern gehören wir zu einer neuen, fast so etwas wie einer verschworenen Gemeinschaft. Wie wir früher als Mütter und Väter auf Spielplätzen ganz schnell Bekanntschaften geschlossen haben, so erlebe ich das jetzt wieder. Ich treffe Freundinnen und Nachbarn, und wir verstehen uns. Eine Großmutter sagt mir: »Die Enkel waren am Wochenende da. Es war wunderschön, aber …« Wir lächeln uns verschmitzt zu, denn wir wissen, der Satz geht weiter: »… es war auch schön, als sie wieder abgefahren sind.«

Im Spielwarengeschäft begegnen sich Großeltern und debattieren, welches Lernspiel das beste für das Enkelkind ist. Oder sie tauschen sich aus, dass die bekannte Spielpuppe, mit der die eigenen Kinder vor drei oder vier Jahrzehnten schon viel Freude hatten, in der neuen Form besser ist als in der alten. Kurzum: Wir verstehen uns.

FRÜHER WAR ALLES BESSER?

Ich denke nicht, dass die jüngere Generation alles besser macht, aber früher muss auch nicht alles besser gewesen sein. Beispielsweise finde ich großartig, dass gewaltfreie Erziehung heute in vielen Familien glasklar angesagt ist. Und ja, es gibt noch Gewalt gegen Kinder, da müssen wir uns nichts vormachen. Aber vieles hat sich zum Guten gewendet. Gewalt wird nicht mehr als Erziehungsmethode akzeptiert.

Und ich finde es wunderbar, dass Väter heute so viel mehr an der Betreuung und Erziehung der Kinder beteiligt sind, wenn es gut läuft. Mein Vater hätte niemals ein Kind gewickelt. Der Vater meiner Kinder hat das selbstverständlich getan. Die Väter meiner Enkel sind bei allem voll dabei: vom Wickeln über das Füttern bis zur Kita-Eingewöhnung. Das ist großartig.

RENZ
rmany

FRÜHER WAR MANCHES ANDERS, ABER NICHT UNBEDINGT BESSER

Wenn wir unsere Enkel mit diesem oder jenem, was wir nicht für sinnvoll erachten, aufwachsen sehen, dann denken wohl alle Großeltern manchmal: Muss das sein?
Ratgeber gibt es zu Dutzenden, die Recherche im Internet verunsichert zusätzlich, allein durch die Fülle von Möglichkeiten. Dies gilt für Eltern und Großeltern gleichermaßen. Denn immer wieder gibt es auf einmal neue Erkenntnisse, wie man alles besser machen könnte.
Meine Erfahrung: Vernünftig ist es, sich das Eigene zu denken und besser zu schweigen. Wenn Rat gefragt wird, gern, Einmischung besser nicht.

GESCHIEDENE GROßELTERN

Eine besondere Erfahrung für Paare, die sich getrennt haben, ist es, wenn sie merken: Als Großeltern sind wir aber wieder zusammen. Ich habe dies selbst erlebt und erinnere mich gut an die erste Situation, in der meine älteste Enkeltochter bei einem Familientreffen gefordert hat, dass sie beim Spaziergang links Opi und rechts Omi an der Hand halten will. Auf einmal waren wir, viele Jahre nach der Scheidung, wieder ein Paar – ein Großelternpaar eben.

So wünsche ich mir, dass Eltern ihre Kinder bei einer Trennung nicht in die Auseinandersetzungen hineinziehen und das Leben zu einem Kampfplatz machen. Und ich wünsche mir, dass Großeltern gegenüber ihren Enkeln keine Gräben aufzeigen. Sie sollten gut voneinander reden. Denn Enkel haben ein klares Gespür für Spannungen. Und wenn wir unsere Enkel sehen, sind sie ja ein Zeichen der Liebe, die wir einst füreinander empfunden haben.

VOM GLAUBEN ERZÄHLEN

Meine Großmutter ist mir mit ihrer Haltung zum Glauben ein Vorbild. Sie hat Schweres erlebt, zwei Weltkriege, die Vertreibung aus der Heimat, dann einen Neuanfang in der Fremde – ohne allen Besitz. Und trotzdem schmetterte sie beim Gulaschkochen in der Küche »Du, meine Seele, singe«. Ihr Glaube wurde durch Angst und Leid nicht erschüttert, sondern eher verstärkt. Sie wusste sich von Gott gehalten. Diese Lebenseinstellung möchte ich gern an meine Enkelkinder weitergeben. Schön, wenn die Enkel etwas hören von Gott, der die Menschen liebt, von Jesus, der ein Freund der Kinder ist. Wenn Großeltern ein offenes Ohr für Fragen nach Gott und der Welt haben.

Ich habe bewundert, wie Großmütter den christlichen Glauben in der Sowjetunion weitergegeben haben. Der real existierende Sozialismus wollte ihn ja geradezu austreiben aus den Köpfen und Herzen. Teilweise ist dies auch gelungen. Aber vielerorts haben Großmütter den Enkeln erzählt, was sie selbst im Leben getragen hat – und ihnen so eine Tür zu einem anderen Blick auf das Leben und die Welt geöffnet.

ANGST UND SORGEN

Mit jedem neugeborenen Kind steigt immer auch ein wenig Angst in uns hoch. Die Angst, dass etwas passieren könnte, dass dem kleinen Menschenkind etwas zustößt.
In den Momenten großen Glücks fürchten wir uns davor, dass eines der Kinder krank wird oder ein Unfall geschieht. Das Leben und die Liebe machen verletzlich. Das wissen alle Eltern. Du denkst nach über die Sorgen deiner Kinder, willst sie aber nicht verstärken.
Möge Gott das kleine Kind behüten, möge es gesund und behütet aufwachsen können.

Für mich war es eine große Freude, dass ich alle meine Enkelkinder taufen durfte. Gewiss, die Taufe ist kein magischer Schutz vor Unglück. Und doch glaube ich, dass ein Kind mit der Taufe in den großen Segenskreis der Familie der Kinder Gottes aufgenommen wird.